W0238668

PONS

444 VOKABELSTICKER ENGLISCH

Geklebt, gesehen, gemerkt

PONS GmbH
Stuttgart

die Tür

die Türklingel

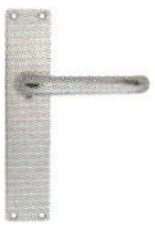
die Türklinke

das Fenster

die Wand

der Fußboden

der Türstopper

die Treppe

der Heizkörper

der Schalter

die Steckdose

die Tapete

die Deckenleuchte

das Leuchtmittel

die Tür

door
[doa]

die Türklingel

doorbell
[ˈdoabel]

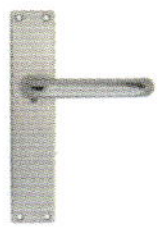
die Türklinke

door handle
[ˈdoa händl]

das Fenster

window
[ˈuwindou]

die Wand

wall
[uwohl]

der Fußboden

floor
[floa]

der Türstopper

doorstop
[ˈdoastop]

die Treppe

stairs
[steaz]

der Heizkörper

radiator
[ˈräidiäita]

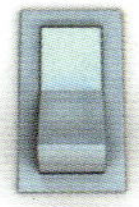
der Schalter

switch
[suwitsch]

die Steckdose

socket
[ˈsokit]

die Tapete

wallpaper
[ˈuwohlpäipa]

die Deckenleuchte

ceiling fitting
[ˈsihling fiting]

das Leuchtmittel

light bulb
[ˈlait balb]

At home Zu Hause

der Teppich

der Vorhang

die Jalousie

die Topfpflanze

die Uhr

das Bild

das Foto

das Möbel

die Schublade

das Regal

der Schrank

die Kerze

die Wärmflasche

die Pinnwand

der Teppich

rug
[rag]

der Vorhang

curtain
[ˈköhten]

die Jalousie

blind
[blaind]

die Topfpflanze

potted plant
[potid ˈplahnt]

die Uhr

clock
[klok]

das Bild

picture
[ˈpiktscha]

das Foto

photo
[ˈfoutou]

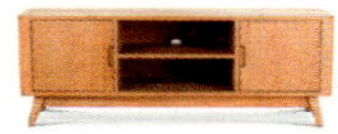
das Möbel

piece of furniture
[pihs aw ˈföanitscha]

die Schublade

drawer
[ˈdroa]

das Regal

shelf
[schelf]

der Schrank

cupboard
[ˈkabad]

die Kerze

candle
[ˈkändl]

die Wärmflasche

hot-water bottle
[hotˈuwohta botl]

die Pinnwand

pin board
[ˈpin bohd]

The living room Das Wohnzimmer

der Sitzsack

der Kamin

der Sessel

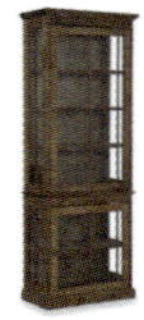

die Vitrine

der Puff

das Aquarium

das Sofa

der Couchtisch

die Schlafcouch

der Tisch

das Bücherregal

der Stuhl

das Wandbrett

die Bank

der Sitzsack

bean bag
[ˈbihn bäg]

der Sessel

armchair
[ˈahmtschea]

der Puff

pouffe
[puf]

das Sofa

sofa
[ˈsoufa]

die Schlafcouch

sofa bed
[ˈsoufa bed]

das Bücherregal

bookshelf
[ˈbukschelf]

das Wandbrett

wall shelf
[ˈuwohl schelf]

fireplace
[ˈfaiapläis]

der Kamin

cabinet
[ˈkäbinet]

die Vitrine

fish tank
[ˈfisch tänk]

das Aquarium

coffee table
[ˈkofi täibl]

der Couchtisch

table
[ˈtäibl]

der Tisch

chair
[tschea]

der Stuhl

bench
[bentsch]

die Bank

The living room Das Wohnzimmer

die Fernsehbank

die Stereoanlage

der Fernseher

die CD

die Fernbedienung

die DVD

der Reciever

der CD-Player

die Tischlampe

der DVD-Player

die Stehlampe

das Radio

die Diskokugel

der Beamer

die Fernsehbank

TV bench
[tihˈwih bentsch]

stereo system
[ˈsteriou sistim]

die Stereoanlage

der Fernseher

TV
[tihˈwih]

CD
[sihˈdih]

die CD

die Fernbedienung

remote control
[rimout kenˈtroul]

DVD
[dihwihˈdih]

die DVD

der Reciever

receiver
[riˈsihwa]

CD player
[sihˈdih pläia]

der CD-Player

die Tischlampe

lamp
[lämp]

DVD player
[dihwihˈdih pläia]

der DVD-Player

die Stehlampe

standard lamp
[ˈständed lämp]

radio
[ˈräidiou]

das Radio

die Diskokugel

disco ball
[ˈdiskou bohl]

projector
[preˈdschekta]

der Beamer

The living room Das Wohnzimmer

das Buch

das Wörterbuch

der Atlas

die Zeitschrift

die Zeitung

der Untersetzer

die Spielkarte

das Brettspiel

der Würfel

die Spielkonsole

das Fotoalbum

der Fotorahmen

die Vase

der Blumentopf

das Buch

book
[ˈbuk]

board game
[ˈbohd gäim]

das Brettspiel

das Wörterbuch

dictionary
[ˈdikscheneri]

dice
[dais]

der Würfel

der Atlas

atlas
[ˈätles]

games console
[ˈgäimz kensoul]

die Spielkonsole

die Zeitschrift

magazine
[mägeˈzihn]

photo album
[ˈfoutou älbem]

das Fotoalbum

die Zeitung

newspaper
[ˈnjuhzpäipa]

photo frame
[ˈfoutou fräim]

der Fotorahmen

der Untersetzer

coaster
[ˈkousta]

vase
[wahz]

die Vase

die Spielkarte

playing card
[ˈpläiing kahd]

plant pot
[ˈplahnt pot]

der Blumentopf

The kitchen Die Küche

der Backofen

die Mikrowelle

der Gasherd

der Kühlschrank

der Elektroherd

die Tiefkühltruhe

der Herd

die Spülmaschine

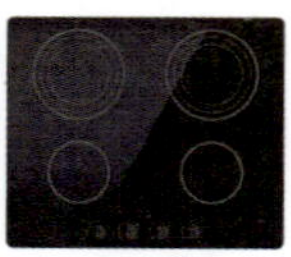
die Herdplatte

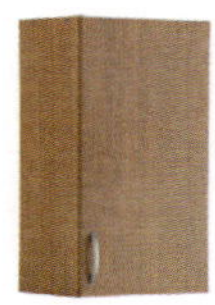
der Hängeschrank

die Dunstabzugshaube

der Hocker

der Grill

der Kinderstuhl

oven
['awen]

der Backofen

gas stove
['gäs stouw]

der Gasherd

electric stove
[i'lektrik stouw]

der Elektroherd

stove
[stouw]

der Herd

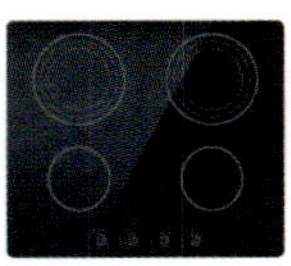

stove top
['stouw top]

die Herdplatte

extractor hood
[ik'sträkta hud]

die Dunstabzugshaube

barbecue grill
['bahbikjuh gril]

der Grill

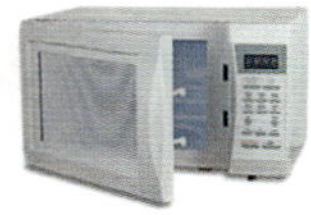

microwave
['maikreuwäiw]

die Mikrowelle

fridge
[fridsch]

der Kühlschrank

chest freezer
['tschest frihza]

die Tiefkühltruhe

dishwasher
['dischuwoscha]

die Spülmaschine

wall-cupboard
['uwohlkabed]

der Hängeschrank

stool
[stuhl]

der Hocker

highchair
['haitschea]

der Kinderstuhl

The kitchen Die Küche

das Schneidebrett

das Küchenmesser

das Nudelholz

der Schneebesen

die Zitruspresse

das Abtropfsieb

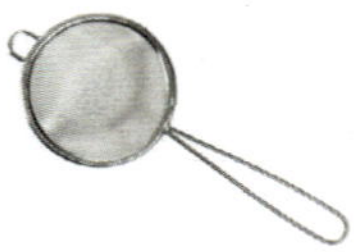
das Sieb

der Korkenzieher

der Flaschenöffner

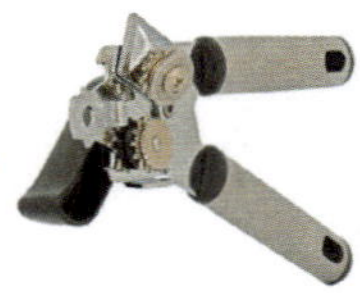
der Dosenöffner

der Spieß

der Fleischklopfer

die Suppenkelle

die Raspel

das Schneidebrett

cutting board
['kating bohd]

das Küchenmesser

kitchen knife
['kitschin naif]

das Nudelholz

rolling pin
['rouling pin]

der Schneebesen

whisk
[uwisk]

die Zitruspresse

lemon squeezer
['lemen skuwihza]

das Abtropfsieb

colander
['kalenda]

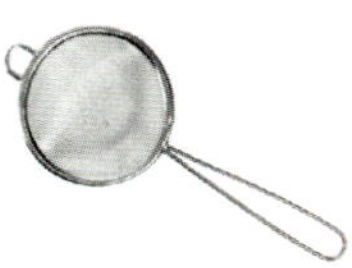
das Sieb

sieve
[siw]

corkscrew
['kohkskruh]

der Korkenzieher

bottle opener
['botl oupena]

der Flaschenöffner

tin opener
['tin oupena]

der Dosenöffner

skewer
['skjuha]

der Spieß

steak hammer
['stäik häma]

der Fleischklopfer

ladle
['läidl]

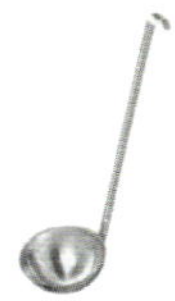
die Suppenkelle

grater
['gräita]

die Raspel

das Tablett

das Stäbchen

das Besteck

die Tasse

die Gabel

die Espressotasse

der Löffel

die Untertasse

der Teelöffel

der Teller

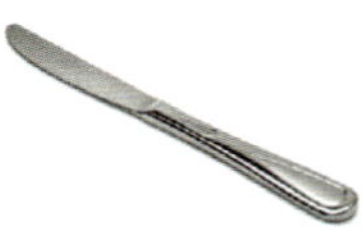
das Messer

der flache Teller

das Glas

der Suppenteller

das Tablett

tray
[träi]

das Besteck

cutlery
['katleri]

die Gabel

fork
[fohk]

der Löffel

spoon
[spuhn]

der Teelöffel

teaspoon
['tihspuhn]

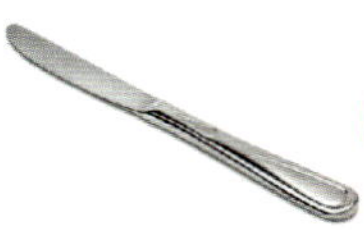
das Messer

knife
[naif]

das Glas

glass
[glahs]

chopstick
['tschopstik]

das Stäbchen

cup
[kap]

die Tasse

espresso cup
[e'spresou kap]

die Espressotasse

saucer
['sohsa]

die Untertasse

plate
[pläit]

der Teller

dinner plate
['dina pläit]

der flache Teller

soup plate
['suhp pläit]

der Suppenteller

The kitchen Die Küche

der Entsafter

die Küchenmaschine

der Pürierstab

der Espressokocher

die Kaffeemaschine

die Sanduhr

die Teekanne

das Feuerzeug

die Streichhölzer

der Toaster

der Wasserkocher

die Zuckerdose

der Salzstreuer

die Pfeffermühle

der Entsafter

juicer
[ˈdschuhsa]

die Küchenmaschine

food processor
[ˈfuhd prousesa]

der Pürierstab

hand-held blender
[händheld ˈblenda]

der Espressokocher

espresso maker
[eˈspresou mäika]

die Kaffeemaschine

coffee machine
[ˈkofi meschihn]

die Sanduhr

hourglass
[ˈauaglahs]

die Teekanne

teapot
[ˈtih pot]

lighter
[ˈlaita]

das Feuerzeug

matches
[ˈmätschiz]

die Streichhölzer

toaster
[ˈtousta]

der Toaster

electric kettle
[ilektrik ˈketl]

der Wasserkocher

sugar bowl
[ˈschuga boul]

die Zuckerdose

salt cellar
[ˈsohlt sela]

der Salzstreuer

pepper mill
[ˈpepa mil]

die Pfeffermühle

der Plastikbehälter

der Kochtopf

das Konservenglas

die Auflaufform

die Karaffe

die Bratpfanne

der Korb

der Deckel

die Schale

die Flasche

die Schüssel

die Konservendose

die Tube

die Papiertüte

plastic tub
['plästik tab]
der Plastikbehälter

jar
[dschah]
das Konservenglas

carafe
[ke'räf]
die Karaffe

basket
['bahskit]
der Korb

dish
[disch]
die Schale

bowl
[boul]
die Schüssel

tube
[tjuhb]
die Tube

saucepan
['sohspen]
der Kochtopf

ovenproof dish
[awnpruhf 'disch]
die Auflaufform

frying pan
['fraiing pän]
die Bratpfanne

lid
[lid]
der Deckel

bottle
['botl]
die Flasche

tin can
['tin kän]
die Konservendose

paper bag
['päipa bäg]
die Papiertüte

The kitchen Die Küche

das Spülbecken

das Spülmittel

der Abtropfständer

der Schwamm

die Serviette

die Tischdecke

die Plastiktüte

der Müllbeutel

das Geschirrtuch

der Lappen

das Küchenpapier

die Kehrschaufel

der Handfeger

der Mülleimer

das Spülbecken

sink
[sink]

das Spülmittel

washing-up liquid
[uwosching'ap likuwid]

der Abtropfständer

dish rack
['disch räk]

der Schwamm

sponge
[spandsch]

die Serviette

napkin
['näpkin]

die Tischdecke

table cloth
['täibl kloß]

die Plastiktüte

plastic bag
['plästik bäg]

bin liner
['bin laina]

der Müllbeutel

tea towel
['tih tauel]

das Geschirrtuch

cloth
[kloß]

der Lappen

kitchen roll
['kitschin roul]

das Küchenpapier

dustpan
['dastpän]

die Kehrschaufel

brush
[brasch]

der Handfeger

bin
[bin]

der Mülleimer

The kitchen Die Küche

der Zucker

das Brot

der Joghurt

die Nudeln

der Tee

das Mehl

die Milch

der Reis

der Kaffee

der Pfeffer

die Marmelade

das Salz

der Honig

die Butter

der Zucker

sugar
['schuga]

der Joghurt

yogurt
['jouget]

der Tee

tea
[tih]

die Milch

milk
[milk]

der Kaffee

coffee
['kofi]

die Marmelade

jam
[dschäm]

der Honig

honey
['hani]

bread
[bred]

das Brot

pasta
['pästa]

die Nudeln

flour
['flaua]

das Mehl

rice
[rais]

der Reis

pepper
['pepa]

der Pfeffer

salt
[sohlt]

das Salz

butter
['bata]

die Butter

The study Das Arbeitszimmer

der Desktop-Computer

der/das Laptop

der Bildschirm

die Maus

das Mauspad

der Tablet-Computer

die Tastatur

die Taste

das Verlängerungskabe

die Webcam

der Drucker

der Router

das Mikrofon

die Lautsprecherbox

er Desktop-Computer

desktop computer
[desktop kem'pjuhta]

die Taste

key
[kih]

der/das Laptop

laptop
['läptop]

das Verlängerungskabel

extension lead
[ik'stenschen lihd]

der Bildschirm

screen
[skrihn]

die Webcam

webcam
['uwebkäm]

die Maus

mouse
[maus]

der Drucker

printer
['printa]

das Mauspad

mouse mat
['maus mät]

der Router

router
['ruhta]

der Tablet-Computer

tablet
['täblet]

das Mikrofon

microphone
['maikrefoun]

die Tastatur

keyboard
['kihbohd]

die Lautsprecherbox

speaker
['spihka]

The study Das Arbeitszimmer

das Papier

das Notizbuch

das Blatt

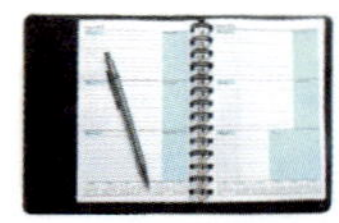
der Terminkalender

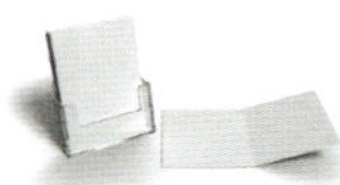
der Zettel

der Kalender

die Haftnotiz

der Block

die Postkarte

das Heft

der Briefumschlag

die Mappe

der Brief

der Ordner

das Papier

paper
['päipa]

das Blatt

sheet
[schiht]

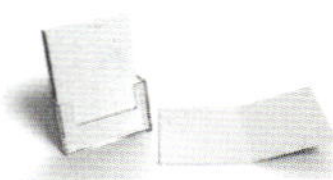
der Zettel

note
[nout]

die Haftnotiz

self-adhesive note
[selfed'hihsiw nout]

die Postkarte

postcard
['poustkahd]

der Briefumschlag

envelope
['enweloup]

der Brief

letter
['leta]

notebook
['noutbuk]

das Notizbuch

diary
['daieri]

der Terminkalender

calendar
['kälinda]

der Kalender

note pad
['nout päd]

der Block

exercise book
['eksesaiz buk]

das Heft

file
[fail]

die Mappe

folder
['foulda]

der Ordner

The study Das Arbeitszimmer

das Federmäppchen

das Lineal

der Stift

der Stiftehalter

der Bleistift

der Zirkel

der Buntstift

der Pinsel

der Bleistiftspitzer

die Schere

der Textmarker

der/das Radiergummi

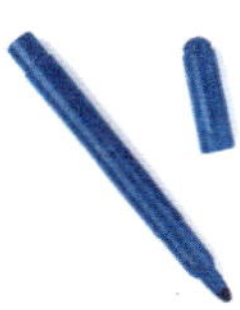
der Filzstift

die Lupe

pencil case
['pensel käis]

das Federmäppchen

pen
[pen]

der Stift

pencil
['pensel]

der Bleistift

colouring pencil
['kalering pensel]

der Buntstift

pencil sharpener
['pensel schahpena]

der Bleistiftspitzer

highlighter
['hailaita]

der Textmarker

felt tip
['felt tip]

der Filzstift

ruler
['ruhla]

das Lineal

desk tidy
['desk taidi]

der Stiftehalter

pair of compasses
[pear ew 'kampesiz]

der Zirkel

brush
[brasch]

der Pinsel

scissors
['sizez]

die Schere

eraser
[i'räiza]

der/das Radiergummi

magnifying glass
['mägnifaiing glahs]

die Lupe

The study Das Arbeitszimmer

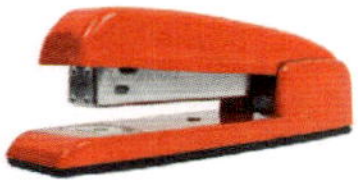

der Tacker

der Ventilator

die Heftklammern

der Sekundenkleber

der Locher

die Aktentasche

der Taschenrechner

die Brille

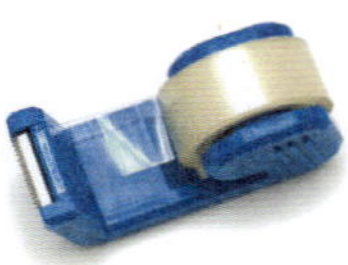

der Tesafilm®

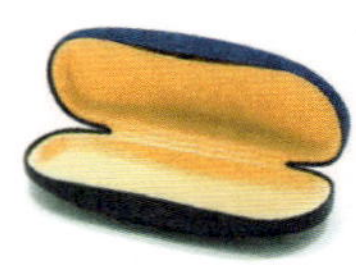

das Brillenetui

das Klebeband

das Brillenputztuch

der Klebstoff

die Schachtel

stapler
['stäipla]

der Tacker

staples
['stäiplz]

die Heftklammern

hole punch
['houl pansch]

der Locher

calculator
['kälkjeläita]

der Taschenrechner

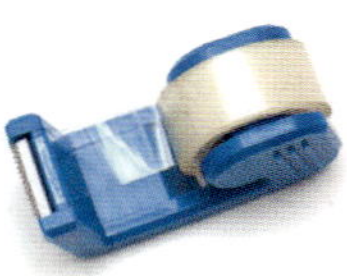

Sellotape®
['seletäip]

der Tesafilm®

parcel tape
['pahsel täip]

das Klebeband

glue
[gluh]

der Klebstoff

fan
[fän]

der Ventilator

superglue
['s(j)uhpagluh]

der Sekundenkleber

briefcase
['brihfkäis]

die Aktentasche

glasses
['glahsiz]

die Brille

glasses case
['glahsiz käis]

das Brillenetui

glasses cloth
['glahsiz kloß]

das Brillenputztuch

box
[boks]

die Schachtel

der Schreibtisch

die Druckerpatrone

der Papierkorb

der Kopierer

die Schreibtischlampe

das Ladegerät

der Bürostuhl

der USB-Stick

der E-Book-Reader

das Handy

der Kopfhörer

der Scanner

der Fotoapparat

die Ablage

der Schreibtisch

desk
[desk]

der Papierkorb

wastepaper basket
[ˈuwäistpäipa bahskit]

die Schreibtischlampe

desk lamp
[ˈdesk lämp]

der Bürostuhl

desk chair
[ˈdesk tschea]

der E-Book-Reader

e-book reader
[ˈihbuk rihda]

der Kopfhörer

headphones
[ˈhedfouns]

der Fotoapparat

camera
[ˈkämera]

ink cartridge
[ˈink kahtridsch]

die Druckerpatrone

photocopier
[ˈfoutoukopia]

der Kopierer

charger
[ˈtschahdscha]

das Ladegerät

USB flash drive
[juhesbih ˈfläsch draiw]

der USB-Stick

mobile phone
[moubail ˈfoun]

das Handy

scanner
[ˈskäna]

der Scanner

letter tray
[ˈleta träi]

die Ablage

The bedroom Das Schlafzimmer

das Bett

die Bettdecke

die Decke

die Wolldecke

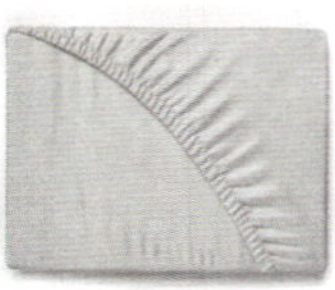
das Spannbetttuch

das Bettlaken

der Kissenbezug

das Kopfkissen

das Kissen

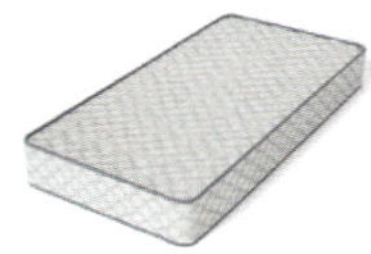
die Matratze

der Bettvorleger

der Nachttisch

die Nachttischlampe

der Wecker

das Bett

bed
[bed]

das Kopfkissen

pillow
['pilou]

die Bettdecke

duvet
['djuhwäi]

das Kissen

cushion
['kuschen]

die Decke

blanket
['blänkit]

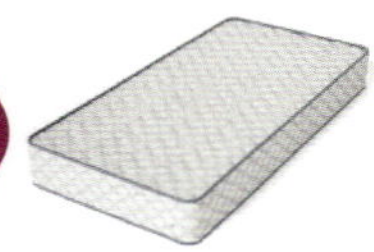
die Matratze

mattress
['mätres]

die Wolldecke

woollen blanket
[uwulen 'blänkit]

der Bettvorleger

bedside rug
['bedsaid rag]

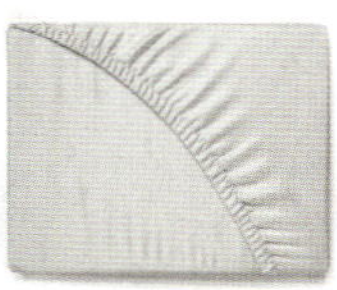
das Spannbetttuch

fitted sheet
[fitid 'schiht]

der Nachttisch

bedside table
['bedsaid täibl]

das Bettlaken

sheet
[schiht]

die Nachttischlampe

bedside lamp
['bedsaid lämp]

der Kissenbezug

pillowcase
['pilоukäis]

der Wecker

alarm clock
[e'lahm klok]

The bedroom Das Schlafzimmer

der Kleiderschrank

die Hose

der Kleiderbügel

die Hosenträger

die Kommode

der Rock

der Pullover

der Schlafanzug

das T-Shirt

der Gürtel

das Hemd

die Socke

die Bluse

der Hausschuh

der Kleiderschrank

wardrobe
[ˈuwohdroub]

der Kleiderbügel

coat hanger
[ˈkout hänga]

die Kommode

chest of drawers
[tschest ew ˈdroaz]

der Pullover

jumper
[ˈdschampa]

das T-Shirt

T-shirt
[ˈtihschöht]

das Hemd

shirt
[schöht]

die Bluse

blouse
[blauz]

trousers
[ˈtrauzes]

die Hose

braces
[ˈbräisiz]

die Hosenträger

skirt
[sköht]

der Rock

pyjamas
[piˈdschahmez]

der Schlafanzug

belt
[belt]

der Gürtel

sock
[sok]

die Socke

slipper
[ˈslipa]

der Hausschuh

The bathroom Das Badezimmer

das Waschbecken

der Wasserhahn

die Badewanne

die Dusche

die Duschmatte

der Duschvorhang

die Toilette

die Toilettenspülung

die Klobürste

der Arzneischrank

der Spiegel

der Handtuchhalter

die Badematte

der Wäschekorb

washbasin
['uwoschbäisen]

das Waschbecken

tap
[täp]

der Wasserhahn

bathtub
['bahßtab]

die Badewanne

shower
['schaua]

die Dusche

shower mat
['schaua mät]

die Duschmatte

shower curtain
['schaua köhten]

der Duschvorhang

toilet
['toilit]

die Toilette

toilet flush
['toilit flasch]

die Toilettenspülung

toilet brush
['toilit brasch]

die Klobürste

medicine cabinet
['medsin käbinit]

der Arzneischrank

mirror
['mira]

der Spiegel

towel rail
['tauel räil]

der Handtuchhalter

bathmat
['bahßmät]

die Badematte

laundry basket
['lohndri bahskit]

der Wäschekorb

das Handtuch

das Duschgel

das Strandtuch

das Shampoo

die Flüssigseife

die Zahnpasta

die Feuchttücher

die Zahnbürste

das Toilettenpapier

die Zahnseide

die Seife

das Mundwasser

der Seifenhalter

das Deodorant

das Handtuch

towel
['tauel]

das Strandtuch

beach towel
['bihtsch tauel]

die Flüssigseife

liquid soap
[likuwid 'soup]

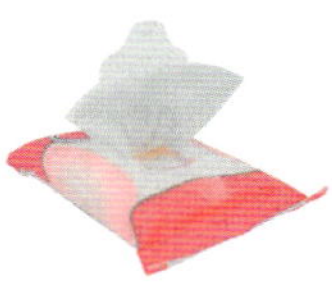
die Feuchttücher

wet wipes
['uwet uwaips]

das Toilettenpapier

toilet paper
['toilit päipa]

die Seife

soap
[soup]

der Seifenhalter

soap dish
['soup disch]

das Duschgel

shower gel
['schaua dschel]

das Shampoo

shampoo
[schäm'puh]

die Zahnpasta

toothpaste
['tuhßpäist]

die Zahnbürste

toothbrush
['tuhßbrasch]

die Zahnseide

dental floss
['dentel flos]

das Mundwasser

mouthwash
['maußuwosch]

das Deodorant

deodorant
[di'ouderent]

The bathroom Das Badezimmer

die Haarbürste

der Kamm

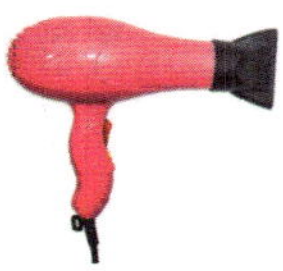
der Föhn

der Lockenstab

das Glätteisen

die Haarspange

der/das Haarspray

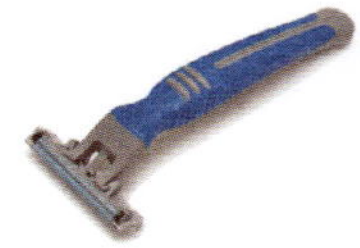
der Rasierer

der Rasierapparat

die Rasierklinge

der Rasierpinsel

der Rasierschaum

das Rasierwasser

das Parfüm

die Haarbürste

hairbrush
[ˈheabrasch]

der Kamm

comb
[koum]

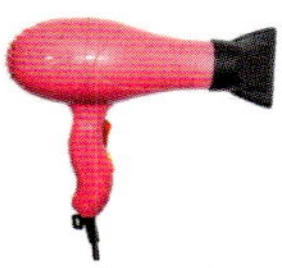
der Föhn

hairdryer
[ˈheadraia]

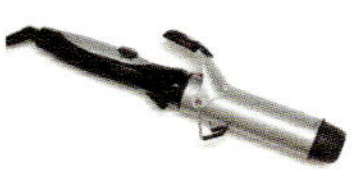
der Lockenstab

curling tongs
[ˈköhling tongz]

das Glätteisen

hair straightener
[ˈhea sträitna]

die Haarspange

hair clip
[ˈhea klip]

der/das Haarspray

hair spray
[ˈhea spräi]

razor
[ˈräiza]

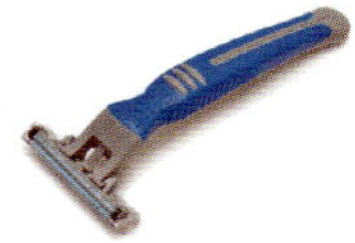
der Rasierer

electric razor
[ilektrik ˈräiza]

der Rasierapparat

razor blade
[ˈräiza bläid]

die Rasierklinge

shaving brush
[ˈschäiwing brasch]

der Rasierpinsel

shaving foam
[ˈschäiwing foum]

der Rasierschaum

aftershave
[ˈahftaschäiw]

das Rasierwasser

perfume
[ˈpöhfjuhm]

das Parfüm

der/das Lipgloss

der Lippenstift

das Rouge

der Kajalstift

der Lidschatten

die Wimperntusche

die Abdeckcreme

die Nagelfeile

der Nagelknipser

der Nagellack

der Nagellackentferner

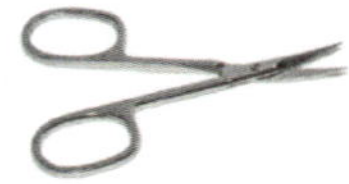
die Nagelschere

der/das Maniküre-Set

die Pinzette

lip gloss
[ˈlip glos]

der/das Lipgloss

lipstick
[ˈlipstik]

der Lippenstift

blusher
[ˈblascha]

das Rouge

eyeliner
[ˈailaina]

der Kajalstift

eye shadow
[ˈai schädou]

der Lidschatten

mascara
[maˈskahra]

die Wimperntusche

concealer
[kenˈsihla]

die Abdeckcreme

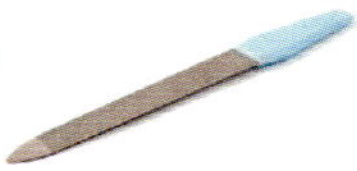

nail file
[ˈnäil fail]

die Nagelfeile

nail clippers
[ˈnäil klipaz]

der Nagelknipser

nail polish
[ˈnäil polisch]

der Nagellack

nail polish remover
[ˈnäil polisch rimuhwa]

der Nagellackentferner

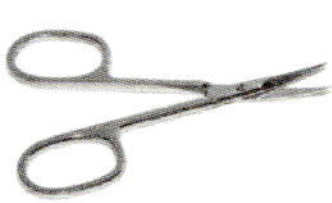

nail scissors
[ˈnäil sizaz]

die Nagelschere

manicure set
[ˈmänikjua set]

der/das Maniküre-Set

tweezers
[ˈtuwihzaz]

die Pinzette

The bathroom Das Badezimmer

die Watte

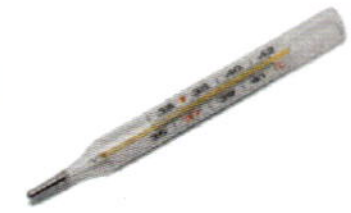
das Thermometer

das Wattepad

der Inhalator

das Wattestäbchen

die Sonnencreme

das Pflaster

die Salbe

der/das Nasenspray

die Waage

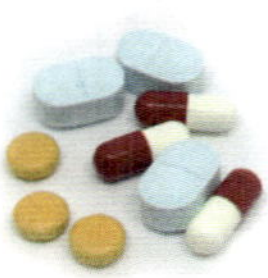
die Tablette

die Kontaktlinse

die Gesichtsmaske

die Creme

cotton wool
[kotn ˈuwul]
die Watte

cotton wool pad
[koten ˈuwul päd]
das Wattepad

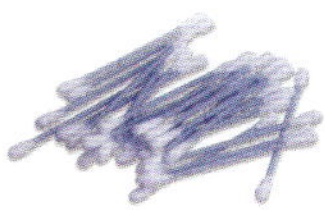

cotton bud
[ˈkoten bad]
das Wattestäbchen

plaster
[ˈplahsta]
das Pflaster

nasal spray
[ˈnäizel spräi]
der/das Nasenspray

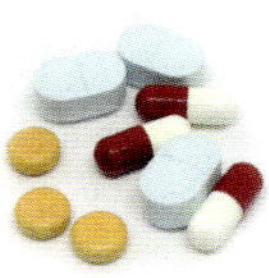

tablet
[ˈtäblet]
die Tablette

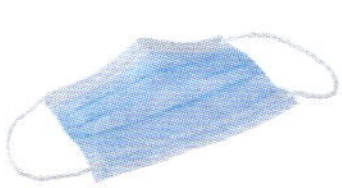

face mask
[ˈfäis mahsk]
die Gesichtsmaske

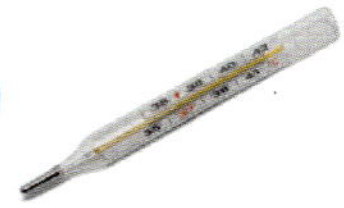

thermometer
[ˈßöhmomita]
das Thermometer

inhaler
[inˈhäila]
der Inhalator

sun cream
[ˈsan krihm]
die Sonnencreme

ointment
[ˈointment]
die Salbe

scales
[skäilz]
die Waage

contact lens
[ˈkontäkt lenz]
die Kontaktlinse

cream
[krihm]
die Creme

The children's room Das Kinderzimmer

das Gitterbettchen

das Kuscheltier

der Stubenwagen

der Teddy

der Laufstall

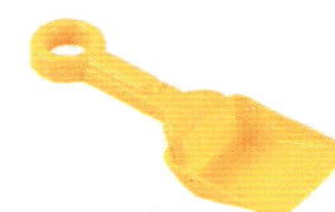
die Kinderschaufel

der Kinderwagen

die Puppe

der Buggy

der Luftballon

die Wickelkommode

das Bauklötzchen

die Spielsachen

die Murmel

das Gitterbettchen

cot
[kot]

der Stubenwagen

bassinet
[bäsiˈnet]

der Laufstall

playpen
[ˈpläipen]

der Kinderwagen

pram
[präm]

der Buggy

buggy
[ˈbagi]

die Wickelkommode

changing unit
[ˈtschäindsching juhnit]

die Spielsachen

toys
[toiz]

cuddly toy
[kadli ˈtoi]

das Kuscheltier

teddy bear
[ˈtedi bea]

der Teddy

spade
[späid]

die Kinderschaufel

doll
[dol]

die Puppe

balloon
[baˈluhn]

der Luftballon

building block
[ˈbilding blok]

das Bauklötzchen

marble
[ˈmahbl]

die Murmel

The children's room Das Kinderzimmer

der Schulranzen

der Stundenplan

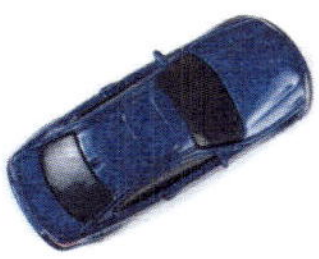
das Spielzeugauto

der Malkasten

der Füller

das Comicheft

das Mikroskop

das Springseil

das Sparschwein

das Puzzle

der Fußball

der Ball

der Globus

der Drachen

satchel
[ˈsätschel]

der Schulranzen

timetable
[ˈtaimtäibl]

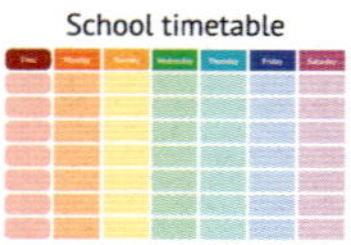

der Stundenplan

toy car
[ˈtoi kah]

das Spielzeugauto

paintbox
[ˈpäintboks]

der Malkasten

fountain pen
[ˈfauntin pen]

der Füller

comic
[ˈkomik]

das Comicheft

microscope
[ˈmaikreskoup]

das Mikroskop

skipping rope
[ˈskiping roup]

das Springseil

piggy bank
[ˈpigi bänk]

das Sparschwein

jigsaw puzzle
[ˈdschigsoh pazl]

das Puzzle

football
[ˈfutbohl]

der Fußball

ball
[bohl]

der Ball

globe
[gloub]

der Globus

kite
[kait]

der Drachen

The hall Der Flur

die Garderobe

das Schuhregal

der Kleiderhaken

der Schuhschrank

der Kleiderständer

der Wandspiegel

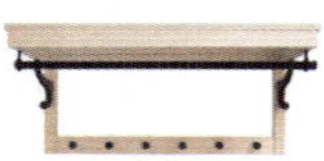
die Hutablage

die Truhe

der Schirmständer

die Sprechanlage

das Telefon

der Türspion

der Rauchmelder

der Vorleger

hall stand
['hohl ständ]

die Garderobe

coat peg
['kout peg]

der Kleiderhaken

coat stand
['kout ständ]

der Kleiderständer

hat shelf
['hät schelf]

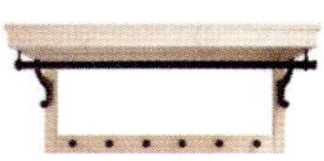
die Hutablage

umbrella stand
[am'brela ständ]

der Schirmständer

telephone
['telifoun]

das Telefon

smoke detector
['smouk ditekta]

der Rauchmelder

shoe shelf
['schuh schelf]

das Schuhregal

shoe cabinet
['schuh käbinit]

der Schuhschrank

wall mirror
['uwohl mira]

der Wandspiegel

chest
[tschest]

die Truhe

intercom
['intakom]

die Sprechanlage

peephole
['pihphoul]

der Türspion

mat
[mät]

der Vorleger

The hall Der Flur

der Hut

der Sonnenhut

die Jacke

der Wintermantel

die Regenjacke

der Regenschirm

der Stock

die Handtasche

die Tasche

der Schuh

der Turnschuh

der Handschuh

der Fußabtreter

der Stiefel

der Hut

hat
[hät]

der Sonnenhut

sun hat
[ˈsan hät]

die Jacke

jacket
[ˈdschäkit]

der Wintermantel

winter coat
[ˈuwinta kout]

die Regenjacke

raincoat
[ˈräinkout]

der Regenschirm

umbrella
[amˈbrela]

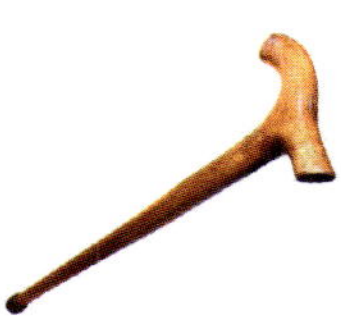
der Stock

walking stick
[ˈuwohking stik]

handbag
[ˈhändbäg]

die Handtasche

bag
[bäg]

die Tasche

shoe
[schuh]

der Schuh

trainer
[ˈträina]

der Turnschuh

glove
[glaw]

der Handschuh

doormat
[ˈdoamät]

der Fußabtreter

boot
[buht]

der Stiefel

The broom cupboard Die Abstellkammer

das Bügelbrett

das Bodentuch

das Bügeleisen

der Eimer

die Waschmaschine

der Schrubber

das Waschmittel

das Reinigungsmittel

der Weichspüler

der Staubsauger

der Wäscheständer

der Wischmopp

der Besen

der Staubwedel

ironing board
[ˈaiening bohd]

das Bügelbrett

floor cloth
[ˈfloa kloß]

das Bodentuch

iron
[ˈaien]

das Bügeleisen

bucket
[ˈbakit]

der Eimer

washing machine
[ˈuwosching meschihn]

die Waschmaschine

floor scrubber
[ˈfloa skraba]

der Schrubber

detergent
[diˈtöhdschent]

das Waschmittel

cleaning detergent
[klihning diˈtöhdschent]

das Reinigungsmittel

fabric softener
[ˈfäbrik sofena]

der Weichspüler

vacuum cleaner
[ˈwäkjuhm klihna]

der Staubsauger

clotheshorse
[ˈklouzhohs]

der Wäscheständer

mop
[mop]

der Wischmopp

broom
[bruhm]

der Besen

feather duster
[feßza ˈdasta]

der Staubwedel

The broom cupboard Die Abstellkammer

der Schlafsack

der Schlitten

das Fernglas

der Schlittschuh

die Picknickdecke

die Schwimmbrille

der Inlineskate

der Tennisball

das Snowboard

der Skateboard

der Tennisschläger

der Ski

die Taschenlampe

der Skistiefel

sleeping bag
['slihping bäg]

der Schlafsack

sledge
[sledsch]

der Schlitten

binoculars
[bi'nokjulaz]

das Fernglas

ice skate
['ais skäit]

der Schlittschuh

picnic blanket
['piknik blänkit]

die Picknickdecke

goggles
['goglz]

die Schwimmbrille

in-line skate
[inlain 'skäit]

der Inlineskate

tennis ball
['tenis bohl]

der Tennisball

snowboard
['snoubohd]

das Snowboard

skateboard
['skäitbohd]

der Skateboard

tennis racket
['tenis räkit]

der Tennisschläger

ski
[skih]

der Ski

torch
[tohtsch]

die Taschenlampe

ski boot
['skih buht]

der Skistiefel

The broom cupboard Die Abstellkammer

der Werkzeugkasten

der Schraubenzieher

die Zange

die Bohrmaschine

der Zollstock

der Rollkoffer

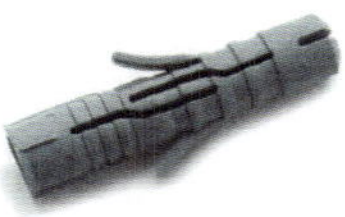
der Dübel

der Koffer

der Nagel

der Rucksack

der Hammer

der Klappstuhl

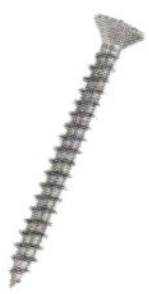
die Schraube

der Liegestuhl

toolbox
[ˈtuhlboks]

der Werkzeugkasten

pliers
[ˈplaiez]

die Zange

measuring stick
[ˈmeschzering stik]

der Zollstock

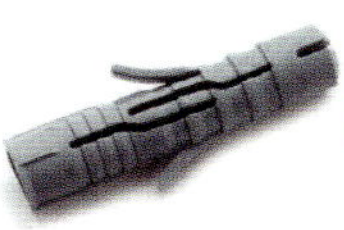

dowel
[ˈdauel]

der Dübel

nail
[näil]

der Nagel

hammer
[ˈhäma]

der Hammer

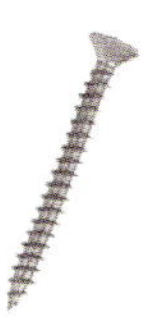

screw
[skruh]

die Schraube

screwdriver
[ˈskruhdraiwa]

der Schraubenzieher

drill
[dril]

die Bohrmaschine

trolley case
[ˈtroli käis]

der Rollkoffer

suitcase
[ˈsuhtkäis]

der Koffer

rucksack
[ˈraksäk]

der Rucksack

folding chair
[ˈfoulding tschea]

der Klappstuhl

deckchair
[ˈdektschea]

der Liegestuhl

die Leiter

das Geschenkpapier

die Trittleiter

der Geldbeutel

die Kiste

die Brieftasche

der Karton

die Schnur

das Fahrradschloss

das Taschentuch

der Schlüssel

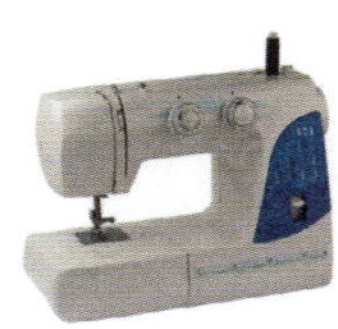
die Nähmaschine

das Geschenkband

die Wolle

ladder
['läda]
die Leiter

stepladder
['stepläda]
die Trittleiter

crate
[kräit]
die Kiste

cardboard box
[kahdbohd 'boks]
der Karton

bike lock
['baik lok]
das Fahrradschloss

key
[kih]
der Schlüssel

ribbon
['riben]
das Geschenkband

wrapping paper
['räping päipa]
das Geschenkpapier

purse
[pöhs]
der Geldbeutel

wallet
['uwolit]
die Brieftasche

string
[string]
die Schnur

tissue
['tischuh]
das Taschentuch

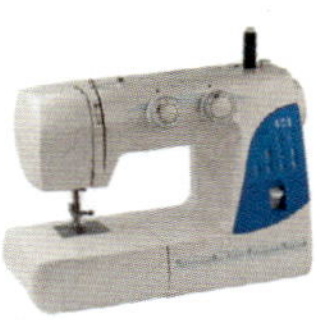
sewing machine
['souing meschihn]
die Nähmaschine

wool
[uwul]
die Wolle

Bildquellen

*= Shutterstock, New York

2.1, 3.1*|(Sarawut Aiemsinsuk); 2.2, 3.2*|(VikaSuh); 2.3, 3.3*|(Patricia Chumillas); 2.4, 3.4*|(Nomad_Soul); 2.5, 3.5*|(Sergiy1975); 2.6, 3.06*|(wavebreakmedia); 2.7, 3.7*|(cherezoff); 2.8, 3.8*|(azurel); 2.9, 3.9*|(Chotirot); 2.10, 3.10*|(Iurii Kalinin); 2.11, 3.11*|(wk1003mike); 2.12, 3.12*|(Pormezz); 2.13, 3.13*|(krolya25); 2.14, 3.14*|(Gyvafoto); 4.1, 5.1*|(creativesunday); 4.2, 5.2*|(kibri_ho); 4.3, 5.3*|(SCOTTCHAN); 4.4, 5.4*|(Susan Fietze); 4.5, 5.5*|(Nomad_Soul); 4.6, 5.6*|(Dima Moroz); 4.7, 5.7*|(Vahe 3D); 4.8, 5.8 Getty Images, München|(pattonmania); 4.9, 5.9*|(Seregam); 4.10, 5.10*|(freedom100m); 4.11, 5.11*|(taviphoto); 4.12, 5.12*|(Suradech Prapairat); 4.13, 5.13*|(Halfpoint); 4.14, 5.14*|(elnavegante); 6.1, 7.1*|(Stas Malyarevsky); 6.2, 7.2*|(Mad Dog); 6.3, 7.3*|(Pix11); 6.4, 7.4 Getty Images, München|(Firmafotografen); 6.5, 7.5*|(Evgeny Nosik); 6.6, 7.06*|(ArtEvent ET); 6.7, 7.7*|(Pix11); 6.8, 7.8*|(DoublePHOTO studio); 6.9, 7.9*|(Will Thomass); 6.10, 7.10*|(donatas1205); 6.11, 7.11*|(mipan); 6.12, 7.12*|(Yeamake); 6.13, 7.13*|(Atstock Productions); 6.14, 7.14*|(kibri_ho); 8.1, 9.1*|(kibri_ho); 8.2, 9.2*|(PRILL); 8.3, 9.3*|(Mmaxer); 8.4, 9.4*|(helloijan); 8.5, 9.5*|(canonzoom); 8.6, 9.06*|(Amnartk); 8.7, 9.7*|(Mygate); 8.8, 9.8*|(Photo Oz); 8.9, 9.9*|(Roman Yastrebinsky); 8.10, 9.10*|(Alexey Rotanov); 8.11, 9.11*|(Bamidor); 8.12, 9.12*|(Gearstd); 8.13, 9.13*|(Oxy_gen); 8.14, 9.14*|(FabrikaSimf); 10.1 11.1*|(TKGGP); 10.2, 11.2*|(Maxim Tupikov); 10.3, 11.3 PONS GmbH, Stuttgart; 10.4, 11.4*|(Gjermund); 10.5, 11.5*|(CoraMax); 10.6, 11.06*|(BonD80); 10.7, 11.7*|(Ira Yapanda); 10.8, 11.8*|(Africa Studio); 10.9, 11.9*|(oksana2010); 10.10, 11.10*|(Bjoern Wylezich); 10.11, 11.11*|(bogdan ionescu); 10.12, 11.12*|(Kutcenko); 10.13, 11.13*|(gresei); 10.14, 11.14*|(Irina Fischer); 12.1, 13.1*|(ppart); 12.2, 13.2*|(arka38); 12.3, 13.3*|(ppart); 12.4, 13.4 Getty Images, München|(JazzIRT); 12.5, 13.5*|(AlexLMX); 12.6, 13.06*|(JM-Design); 12.7, 13.7*|(PERLA BERANT WILDER); 12.8, 13.8 Getty Images, München|(JazzIRT); 12.9, 13.9*|(VitaminCo); 12.10, 13.10*|(Dima Moroz); 12.11, 13.11*|(ppart); 12.12, 13.12*|(Instudio 68); 12.13, 13.13 Getty Images, München|(Image Supply); 12.14, 13.14*|(Mountain Light Studios); 14.1, 15.1*|(Guiyuan Chen); 14.2, 15.2*|(Pixavril); 14.3, 15.3*|(zaleskyphoto); 14.4, 15.4*|(Jiri Hera); 14.5, 15.5*|(Namomooyim); 14.6, 15.06*|(Artur Synenko); 14.7, 15.7*|(JIANG HONGYAN); 14.8, 15.8*|(Boogie Man); 14.9, 15.9*|(Akkalak); 14.10, 15.10*|(Vastram); 14.11, 15.11*|(Danny Smythe); 14.12, 15.12*|(ILYA AKINSHIN); 14.13, 15.13*|(ffolas); 14.14, 15.14*|(c12); 16.1, 17.1*|(Thaisucculents); 16.2, 17.2*|(onair); 16.3, 16.6., 17.3, 17.7.*|(koosen); 16.4, 17.4*|(Jr images); 16.5, 17.5*|(BW Folsom); 16.6, 17.06*|(nexus 7); 16.8, 17.8*|(Anton Starikov); 16.9, 17.9*|(Phovoir); 16.10, 17.10*|(Suradech Prapairat); 16.11, 17.11*|(Halyna Krokhtiak); 16.12, 17.12*|(mylisa); 16.13, 17.13 Getty Images, München|(ansonsaw); 16.14, 17.14*|(Anton Starikov); 18.1, 19.1*|(Africa Studio); 18.2, 19.2*|(Vialiy Borisov); 18.3, 19.3*|(Ansis Klucis); 18.4, 19.4*|(ekkapon); 18.5, 19.5*|(Evikka); 18.6, 19.06*|(johnfoto18); 18.7, 19.7*|(Red2000 Creative); 18.8, 19.8*|(Elnur); 18.9, 19.9*|(J.Y. Loke); 18.10, 19.10*|(Danny E Hooks); 18.11, 19.11*|(dencg;); 18.12, 19.12*|(artproem); 18.13, 19.13*|(Lifestyle Travel Photo); 18.14, 19.14*|(IZOTOV DMITRII); 20.1, 21.1*|(NIPAPORN PANYACHAROEN); 20.2, 21.2 Getty Images, München|(benimage); 20.3, 21.3*|(koosen); 20.4, 21.4*|(Phovoir); 20.5, 21.5*|(ervstock); 20.6, 21.06*|(KKulikov); 20.7, 21.7*|(PISUTON); 20.8, 21.8*|(Bokeh Blur Background); 20.9, 21.9*|(Ratana Prongjai); 20.10, 21.10*|(Oleg Bezrukov); 20.11, 21.11*|(LinGraphics); 20.12, 21.12*|(Thomas Soellner); 20.13, 21.13*|(Anton Starikov); 20.14, 21.14*|(OHishiapply); 22.1, 23.1*|(Sergiy Kuzmin); 22.2, 23.2*|(Marijus Auruskevicius); 22.3, 23.3*|(antishock); 22.4, 23.4*|(Viktor1); 22.5, 23.5*|(Berents); 22.6, 23.06*|(Mariontxa); 22.7, 23.7*|(Abramova Elena); 22.8, 23.8*|(Mert Ozmen); 22.9, 23.9*|(Pawel G); 22.10, 23.10*|(saiful nizam); 22.11, 23.11*|(NYS); 22.12, 23.12*|(saiful nizam); 22.13, 23.13*|(daizuoxin); 22.14, 23.14*|(heromen30); 24.1, 25.1*|(Billion Photos); 24.2, 25.2*|(MaraZe); 24.3, 25.3*|(spaxiax); 24.4, 25.4*|(Walter Bilotta); 24.5, 25.5*|(Aleksey Patsyuk); 24.6, 25.06*|(Andrii Horulko); 24.7, 25.7*|(Anton Starikov); 24.8, 25.8*|(Anton Starikov); 24.9, 25.9*|(MIGUEL G. SAAVEDRA); 24.10, 25.10*|(Andrii Horulko); 24.11, 25.11*|(Elena Schweitzer); 24.12, 25.12*|(jocic); 24.13, 25.13*|(DONOT6_STUDIO); 24.14, 25.14*|(Stefan Balaz); 26.1, 27.1*|(Adstock); 26.2, 27.2*|(Marko Poplasen); 26.3, 27.3*|(Sergey Peterman); 26.4, 27.4*|(EA230311); 26.5, 27.5*|(iMAGE MIR); 26.6, 27.06*|(AlexLMX); 26.7, 27.7*|(anaken2012); 26.8, 27.8*|(Vereshchagin Dmitry); 26.9, 27.9*|(doraclub); 26.10, 27.10*|(pio3); 26.11, 27.11*|(Yuriy Kulik); 26.12, 27.12*|(wacpan); 26.13, 27.13*|(Volodymyr Krasyuk); 26.14, 27.14*|(Sasa-71); 28.1, 29.1*|(ESB Professional); 28.2, 29.2*|(Gruffi); 28.3, 29.3*|(spacezerocom); 28.4, 29.4*|(aodaodaodaod); 28.5, 29.5*|(GO DESIGN); 28.6, 29.06*|(photosync); 28.7, 29.7*|(Duda Vasilii); 28.8, 29.8*|(piotr_pabijan); 28.9, 29.9*|(Natalia Lisovskaya); 28.10, 29.10*|(Bjoern Wylezich); 28.11, 29.11*|(Yan Yarman); 28.12, 29.12*|(Anton Starikov); 28.13, 29.13*|(Pixel Embargo); 28.14, 29.14*|(Benson HE); 30.1, 31.1*|(ArtemSh); 30.2, 31.2*|(chuhastock); 30.3, 31.3*|(KATRAN); 30.4, 31.4*|(chuyuss); 30.5, 31.5*|(Pixel Embargo); 30.6, 31.06*|(ekipaj); 30.7, 31.7*|(SUJIN SAENSING); 30.8, 31.8*|(Alex Kosev); 30.9, 31.9*|(imstock); 30.10, 31.10*|(macondo); 30.11, 31.11*|(GalapagosPhoto); 30.12, 31.12*|(ajt); 30.13, 31.13*|(Zadiraka Evgenii); 30.14, 31.14*|(Paul Fleet); 32.1, 33.1*|(Kaytoo); 32.2, 33.2*|(AlexRoz); 32.3, 33.3*|(OBprod); 32.4, 33.4*|(David Brimm); 32.5, 33.5*|(Gerisima); 32.6, 33.06*|(Danny Iacob); 32.7, 33.7*|(Serg64); 32.8, 33.8*|(aimy27feb); 32.9, 33.9*|(Diana Taliun); 32.10, 33.10*|(GH Studio); 32.11, 33.11*|(Graphic design); 32.12, 33.12*|(Papatpong Phermsang-ngarm); 32.13, 33.13*|(Mega Pixel); 32.14, 33.14*|(Khudoliy); 34.1, 35.1*|(Kutlayev Dmitry); 34.2, 35.2*|(Sashkin); 34.3, 35.3*|(Somchai Som); 34.4, 35.4*|(Singkham); 34.5, 35.5*|(PriceM); 34.6, 35.06*|(cristi180884); 34.7, 35.7*|(Aleksandr Kurganov); 34.8, 35.8*|(Anton Starikov); 34.9, 35.9*|(lucadp); 34.10, 35.10*|(Bloomicon); 34.11, 35.11*|(Igor Lateci); 34.12, 35.12*|(Duda Vasilii); 34.13, 35.13*|(Billion Photos); 34.14, 35.14*|(3DDock); 36.1, 37.1*|(Dima Moroz); 36.2, 37.2*|(Luisa Leal Photography); 36.3, 37.3*|(World_of_Textiles); 36.4, 37.4*|(Dima Moroz); 36.5, 37.5*|(Med_Ved); 36.6, 37.06*|(cigdem); 36.7, 37.7*|(RG-vc); 36.8, 37.8*|(ANTHONY PAZ); 36.9, 37.9*|(World_of_Textiles); 36.10, 37.10 Getty Images, München|(MileA); 36.11, 37.11*|(Anton Starikov); 36.12, 37.12*|(Jesus Cervantes); 36.13, 37.13*|(Atiwan Janprom); 36.14, 37.14*|(koosen); 38.1, 39.1 Getty Images, München|(Sinan Kocaslan); 38.2, 39.2*|(pixs4u); 38.3, 39.3*|(Oleksiy Mark); 38.4, 39.4*|(photosync); 38.5, 39.5*|(og_photo); 38.6, 39.06*|(gogoiso); 38.7, 39.7*|(Ruslan Kudrin); 38.8, 39.8*|(Khvost); 38.9, 39.9*|(xiaorui); 38.10, 39.10*|(Jiang Zhongyan); 38.11, 39.11*|(Nadya Nadal); 38.12, 39.12*|(Irantzu Arbaizagoitia); 38.13, 39.13 Getty Images, München|(istanbulimage); 38.14, 39.14*|(Tsveta Nesheva); 40.1, 41.1*|(Excellent backgrounds); 40.2, 41.2*|(Richard Peterson); 40.3, 41.3*|(ILYA AKINSHIN); 40.4, 41.4*|(mikeledray); 40.5, 41.5*|(Maksym Bondarchuk); 40.6, 41.06*|(My name is boy); 40.7, 41.7*|(Leszek Glasner); 40.8, 41.8*|(Boris Sosnovyy); 40.9, 41.9*|(Olga Popova); 40.10, 41.10*|(ANTHONY PAZ); 40.11, 41.11*|(SSSCCC); 40.12, 41.12*|(Ayman alakhras); 40.13, 41.13*|(Ljupco Smokovski); 40.14, 41.14*|(alexandre17); 42.1, 43.1*|(onair); 42.2, 43.2*|(Evgeny Menshikh); 42.3, 43.3*|(nito); 42.4, 43.4*|(Anton Malina); 42.5, 43.5*|(Aksenova Natalya); 42.6, 43.06*|(Andrei Kuzmik); 42.7, 43.7*|(Sergiy Kuzmin); 42.8, 43.8*|(MRS.Siwaporn); 42.9, 43.9*|(nathanipha99); 42.10, 43.10*|(StockPhotosArt); 42.11, 43.11*|(Michael Kraus); 42.12, 43.12*|(design56); 42.13, 43.13*|(vdimage); 42.14, 43.14*|(GO DESIGN); 44.1, 45.1*|(Natalia Rezanova); 44.2, 45.2*|(Ian 2010); 44.3, 45.3*|(Voss Tau); 44.4, 45.4*|(PaulPaladin); 44.5, 45.5*|(YURANANT); 44.6, 45.06*|(Pascal Krause); 44.7, 45.7*|(Artmim); 44.8, 45.8*|(Idutko); 44.9, 45.9*|(bogdan ionescu); 44.10, 45.10*|(Mile Atanasov); 44.11, 45.11*|(Gunnar Pippel); 44.12, 45.12*|(Jesus Cervantes); 44.13, 45.13*|(Sam72); 44.14, 45.14*|(Aanush); 46.1, 47.1*|(Scott Alan Photo); 46.2, 47.2*|(oksana2010); 46.3, 47.3*|(5 second Studio); 46.4, 47.4*|(warmer); 46.5, 47.5*|(Marc Dietrich); 46.6, 47.06*|(domnitsky); 46.7, 47.7*|(Sunflowerr); 46.8, 47.8*|(Moises Fernandez Acosta); 46.9, 47.9*|(Zonda); 46.10, 47.10*|(Alon Othnay); 46.11, 47.11*|(L Julia); 46.12, 47.12*|(hsagencia); 46.13, 47.13*|(TotallyBlond); 46.14, 47.14*|(Chi_Chirayu); 48.1, 49.1*|(siriratsavett); 48.2, 49.2*|(Valerii Kotulskyi); 48.3, 49.3*|(givaga); 48.4, 49.4*|(PENpics Studio); 48.5, 49.5*|(nelzajamal); 48.6, 49.06*|(flight of imagination); 48.7, 49.7*|(ILYA AKINSHIN); 48.8, 49.8*|(Chamille White); 48.9, 49.9*|(Denis Semenchenko); 48.10, 49.10*|(Senol Yaman); 48.11, 49.11*|(Anut saradon); 48.12, 49.12*|(buradaki); 48.13, 49.13*|(JIRAWAT LOMAKUL); 48.14, 49.14 Getty Images, München|(PLAINVIEW); 50.1, 51.1*|(studiovin); 50.2, 51.2*|(Peter Vanco); 50.3, 51.3*|(Margo Harrison); 50.4, 51.4*|(Jesus Cervantes); 50.5, 51.5*|(jazzerup); 50.6, 51.06*|(LightSecond); 50.7, 51.7*|(Kaspars Grinvalds); 50.8, 51.8*|(Andrey Osipets); 50.9, 51.9*|(tale); 50.10, 51.10*|(Yulia Glam); 50.11, 51.11*|(og_photo); 50.12, 51.12*|(Nenov Brothers Images); 50.13, 51.13*|(BNMK 0819); 50.14, 51.14*|(Photo Melon); 52.1, 53.1*|(Makstorm); 52.2, 53.2*|(lightrain); 52.3, 53.3*|(Plateresca); 52.4, 53.4*|(anna-nt); 52.5, 53.5 Getty Images, München|(gwflash); 52.6, 53.06*|(NUMAX3D); 52.7, 53.7*|(design_mst); 52.8, 53.8*|(R-O-M-A); 52.9, 53.9*|(Sabina Dimitriu); 52.10, 53.10*|(Pavel Hlystov); 52.11, 53.11*|(MicroOne); 52.12, 53.12*|(Serg64); 52.13, 53.13*|(SARANS); 52.14, 53.14*|(ILYA AKINSHIN); 54.1, 55.1*|(zmey); 54.2, 55.2*|(Gravicapa); 54.3, 55.3*|(montego); 54.4, 55.4*|(Dima Moroz); 54.5, 55.5*|(doomu); 54.6, 55.06*|(outc); 54.7, 55.7*|(MONNOTONE); 54.8, 55.8*|(Giovanni Cancemi); 54.9, 55.9*|(immfocus studio); 54.10, 55.10*|(3d Jesus); 54.11, 55.11*|(urbanbuzz); 54.12, 55.12*|(Kittapong); 54.13, 55.13*|(mipan); 54.14, 55.14*|(medvedsky.kz); 56.1, 57.1*|(frantic00); 56.2, 57.2*|(Elena Kharichkina); 56.3, 57.3*|(All For You); 56.4, 57.4*|(Dmitry Zimin); 56.5, 57.5*|(xiaorui); 56.6, 57.06*|(eNjoy iStyle); 56.7, 57.7*|(Michael Kraus); 56.8, 57.8*|(Kenishirotie); 56.9, 57.9*|(Andrienko Anastasiya); 56.10, 57.10*|(kzww); 56.11, 57.11*|(MK photograp55); 56.12, 57.12*|(RTimages); 56.13, 57.13*|(Vereshchagin Dmitry); 56.14, 57.14 Getty Images, München|(lathuric); 58.1, 59.1 Getty Images, München|(LeventKonuk); 58.2, 59.2*|(sasimoto); 58.3, 59.3*|(Sergiy Kuzmin); 58.4, 59.4*|(Pavel Ignatov); 58.5, 59.5 Getty Images, München|(JazzIRT); 58.6, 59.06*|(Vinte); 58.7, 59.7*|(MicroOne); 58.8, 59.8*|(lusia83); 58.9, 59.9*|(Gruffi); 58.10, 59.10*|(dencg); 58.11, 59.11*|(Elnur); 58.12, 59.12*|(kostasgr); 58.13, 59.13*|(Anton Starikov); 58.14, 59.14*|(gowithstock); 60.1, 61.1*|(Africa Studio); 60.2, 61.2*|(CapturePB); 60.3, 61.3*|(Francesco Ocello); 60.4, 61.4*|(Africa Studio); 60.5, 61.5*|(grintan); 60.6, 61.06*|(Vudhikrai); 60.7, 61.7*|(Sergey Mironov); 60.8, 61.8*|(Feng Yu); 60.9, 61.9*|(dyoma); 60.10, 61.10*|(xiaorui); 60.11, 61.11*|(pukach); 60.12, 61.12*|(3DMI); 60.13, 61.13*|(stolekg); 60.14, 61.14*|(J. Helgason); 62.1, 63.1*|(Piyawat Nandeenopparit); 62.2, 63.2*|(Luca Santilli); 62.3, 63.3*|(skimin0k); 62.4, 63.4*|(sbarabu); 62.5, 63.5*|(stockphoto-graf); 62.6, 63.06 Getty Images, München|(Marat Musabirov); 62.7, 63.7*|(humbak); 62.8, 63.8*|(studiovin); 62.9, 63.9*|(Edilus); 62.10, 63.10*|(design56); 62.11, 63.11*|(Paket); 62.12, 63.12*|(VINCENT GIORDANO PHOTO); 62.13, 63.13*|(Natan86); 62.14, 63.14*|(Polushkina Svetlana); 64.1, 65.1*|(Konstantin Faraktinov); 64.2, 65.2*|(ronstik); 64.3, 65.3*|(ayzek); 64.4, 65.4*|(Lik Studio); 64.5, 65.5*|(Africa Studio); 64.6, 65.06*|(Tatiana Popova); 64.7, 65.7*|(ESB Professional); 64.8, 65.8*|(Purple Clouds); 64.9, 65.9*|(KrasinVladimir); 64.10, 65.10*|(Peter Vanco); 64.11, 65.11*|(evkaz); 64.12, 65.12*|(oksana2010); 64.13, 65.13*|(Romariolen); 64.14, 65.14*|(Vladyslav Starozhylov)

PONS Vokabelsticker

Geklebt, gelernt, ENGLISCH

Bearbeitet von: Anette Dralle

Download
Die PONS GmbH verpflichtet sich, den Zugriff auf das Download-Angebot, das zu diesem Buch gehört, mindestens bis Ende 2023 bereitzustellen. Einen Anspruch der Nutzung, der darüber hinausgeht, gibt es nicht. Weitere Informationen entnehmen Sie bitte unseren AGB.

1. Auflage 2021 (1,01 – 2021)

www.pons.de
E-Mail: kundenservice@pons.de

Projektleitung: Helen Schmidt
Gestaltung: zweiband.media, Berlin
Logoentwurf: Erwin Poell, Heidelberg
Logoüberarbeitung: Sabine Redlin, Ludwigsburg
Druck: Colorprint Offset

ISBN 978-3-12-516291-4